Die Meisterschaft des Lebens
Ein Kurs in Liebe

13. 11. 2017

In Herzensliebe
und tiefer
Begeisterung über
Dein einzigartig
liebevolles und
freundliches Strahlen
verbunden ♡
Danke ♡ Waltraud

Waltraud Kuon

Die Autorin

Waltraud Kuon, geboren 1957 in Bad Saulgau, in Baden-Württemberg.

Seit 30 Jahren arbeitet sie in eigener Praxis für Psychosomatische Physiotherapie.

Von 1978 bis 1997 lebte sie in Berlin, bis die Allgäuer Bergwelt sie zu sich rief.

2005 verwirklichte sie ihren Traum vom Leben am Wasser.
Die Fährschiffe auf dem blauen Bodensee berührten schon damals in ihrer Kindheit ihr Herz.
Sie ist ihrer inneren Stimme gefolgt.

Heute lebt sie in Meersburg und arbeitet in Salem.

Die Meisterschaft des Lebens
Ein Kurs in Liebe

Der Schlüssel zum Tor des Lebens
ist das Licht der Liebe

Waltraud Kuon

Bibliografische Information der Deutschen Nationalbibliothek:

Die Deutsche Nationalbibliothek verzeichnet diese Publikation in der Deutschen Nationalbibliografie, detaillierte bibliografische Daten sind im Internet über http://dnb.dnb.de abrufbar.

Satz:
Angela Petani

Buch-Covergestaltung:
Christiane Marber

Bilder:
Franziska Lorenz

Lektorat:
Dr. Suzan Hahnemann

Coverbilder:
123RF GmbH

Blumenbild (Seite 44):
nongkran_ch – Fotolia.com

Herstellung und Verlag:
BoD – Books on Demand, Norderstedt
ISBN: 9-783741-288838

Danksagung

Ich danke von ganzem Herzen den Menschen, die mich ermutigt haben, meine Träume, Eingebungen und guten Gedanken zu Papier zu bringen.

Dank meiner geliebten Nele, Angela, Christiane, Ingrid, Franziska und meiner Freunde Frank und Markus ist das Buch geschrieben worden.

Der Weg war ein wunderbarer, voller Freude, Begeisterung und vieler Korrekturen aus dem Himmel.

Inhalt

Die Meisterschaft des Lebens
Ein Kurs in Liebe

Der Schlüssel zum Tor des Lebens ist das Licht der Liebe

Lege täglich Deine Hände auf Dein Herz und tritt in Kontakt mit Dir selbst. Sprich anerkennende Worte in Dich hinein. Sage Dir etwas Nettes. Es wird leichter und heller werden in Dir. Baue eine liebevolle Beziehung zu Dir selbst auf, die in Dir und nach außen strahlt und Tür und Tor zum lebendigen Herzen,
zu Deinem ureigenen Leben öffnet.

Mache noch heute den ersten Schritt:

„Ich wünsche mir, mich in meiner Unvollkommenheit, mit allen Schwächen und Stärken, lieben, achten und annehmen zu können."

Sprich es in Dich hinein:

10 mal - 100 mal - 1000 mal

Erlaube Deiner Seele, sich zur Persönlichkeit zu entwickeln.

Werde Dir Deiner negativen, Dich in die Irre leitenden Prägungen bewusst. Befreie Dich davon!

Präge Deine Seele neu!

Es ist mir ein Herzensanliegen, dem Menschen Mut zu machen, loszulaufen, seine Gaben auf *seinem* Weg zu finden. Ich wünsche ihm, dass er sich von den zerstörerischen Ängsten verabschieden, aus den schmerzhaften Abhängigkeiten befreien und ein selbstbestimmtes und glückliches Leben führen kann.

Jeder einzelne Mensch vermag so viel Gutes zu schaffen. Er hat vielleicht seinen Glauben an sich selbst verloren, macht sich klein und hat vergessen, wer er in Wahrheit ist. Er braucht nichts Anderes zu werden. In seinem Ursprung kann sich ein Mensch nicht verändern und er wird sich nie verändern können. Aber er kann mutig seine Mauern zu Fall bringen und sich dem Leben neu öffnen. Im inneren Kern ist er genau so, wie das Leben ihn braucht.

Es braucht gerade Dich!

Die Worte von R.W. Emerson berühren mich tief:

„Alle halten die Gesellschaft für klüger als ihre Seele und wissen nicht, dass eine Seele – ihre Seele – weiser ist als alle Welt."

Ich möchte den Menschen in der Selbstliebe anleiten. Sie ist es, die seine Seele erfüllt und ihm auf seinem Weg, den er voller Verantwortung geht, Schutz bietet. Nur unter dem Schutzmantel der Liebe kann die Seele wachsen, sich entwickeln und den Menschen für sein Leben stark und belastbar machen.

Keine Zeit mag ich mehr versäumen zu sagen, dass
es das Wichtigste im Leben eines Menschen ist,
sich selbst lieben, achten und anerkennen zu lernen.
Wertvolle Menschen machen wertvolle Schritte.

Gib niemals auf!

Wertvolle Schritte, die der gesamten Schöpfung
dienen, bedürfen permanenter Impulse aus dem
offenen Herzen und der Eingebung – Inspiration –
aus dem Kosmos durch den Geist der Schöpfung,
der die Seele befeuert.

Ein Mensch auf seinem Weg lernt,

z u   f ü h l e n   und   z u   h ö r e n ...

Wer ist das hinter der Mauer?

„Mir ist, als wütete ein fremder Geist in mir und
zerstörte meine Seele."

Völlig hilflos und ängstlich verriegelte ich nach
draußen alle Tore zum Leben.

„Dieses Leben" bedeutete nur noch Angst.

Es begann in früher Kindheit, dass nachts dunkle
Schatten an meinem Hals rissen und meine Seele
herausziehen wollten. Ich ängstigte mich, dass sie
eines Tages den Sieg über mich erringen würden.

Damals wusste ich noch nicht, dass das Aus der
Seele das Ende der Lebendigkeit bedeutete.

Ich erfuhr keinerlei Schutz, so meinte ich, und mein
Kampfgeist war ermüdet.

In meiner dunkelsten und bedrohlichsten Stunde, als ich mich ermattet den Mächten ausgeliefert sah, fühlte ich ein helles Licht rechts über mir. Und ein Engel rief mit lauter Stimme meinen Namen und sprach:

„Bete das Vaterunser! Das hält der Teufel nicht aus!"

Und ich betete: „Vater unser im Himmel ..."

Bei dem Wort – Himmel –, weiter kam ich nicht, verlor der Schatten seine Macht. Er geriet in einen Sog, dessen Kraft ihn überwältigte und von mir abzog.

Das Licht löste das Dunkel ins pure Nichts auf.

Von jener Stunde an wusste ich, dass mein Leben einen Sinn haben musste, wenn Engel sich für mich einsetzten und mir den Teufel vom Hals hielten.

Viele Jahre mutete das Leben mir eine dunkle Hölle zu.

Betend, weinend, schreiend lag ich oft stundenlang am Fußboden und flehte zu Gott, er möge mir helfen.

Überwiegend schwere Tage wurden von nur wenigen besseren Tagen abgelöst.

Ich verstand die Welt nicht mehr.

SO will ich nicht weitermachen.

SO nicht – aber wie dann?

WIE geht Leben?

Meine Gebete wurden erhört. An einem guten Tag fiel mir ein Buch in die Hände, dessen Lektion zu akzeptieren mir nicht leicht fiel. Mein alter zerstörerischer Geist sollte ersetzt werden durch einen neuen und aufbauenden Geist. Ich übte stundenlang, monatelang, die Botschaft umzusetzen:

„Liebe, achte und anerkenne Dich selbst aus tiefem Herzen," lautete sie.

Ich stellte mich vor den Spiegel in meinem Badezimmer, zündete eine Kerze an, schaute mir in die Augen und erzählte mir, dass ich mich lieben, achten und anerkennen würde.

Es schmerzte im Brustraum, als ich in diese starren, fremden Augen sah.

Mein Herz schien sich im Leibe herumdrehen zu müssen, um diese Botschaft vernehmen zu können.

Und es drehte sich mehrere Male herum. Es löste sich aus den alten starren Verankerungen und positionierte sich völlig neu, mit dem Gesicht „nach draußen" gewandt. Das Lebenslicht vermochte es von nun an zu berühren.

Stundenlang harrte ich vor dem Spiegel stehend aus. Nie zuvor hatte ich in dieser Intensität in meine Augen geschaut. Nur unter Zuhilfenahme erlernter

Atemtechniken konnte ich diesen Schmerz ertragen. Tränenüberströmt, mit weichen Knien, verweilte ich eine gefühlte Ewigkeit lang in dieser Position. Ich erkannte die geistige Härte mir selbst, meiner Seele gegenüber und sah, dass sich ein reines und schönes Antlitz hinter einer schrecklich angstverzerrten Maske verbarg.

Eiskalte Gedanken und Worte der Ablehnung und Verurteilung hatten mein Herz verschlossen und meine Seele über viele Jahre hinweg zusammenschrecken und häufig in körperlose Welten abdriften lassen. Ich glaubte damals, „ver-rückt" zu werden. Diese Erfahrung war eine bittere und manchmal blieb mein Herz vor Angst beinahe stehen. Ich fürchtete mich vor mir selbst, vor der Zukunft. Ich hatte einfach Angst vor allen und allem.

Ich verbarrikadierte mich hinter den Mauern.

Meine Entscheidung, einen völlig neuen Weg beschreiten zu wollen, stand fest

Zeitgleich mit meinen neuen Entscheidungen stellte das Leben mir die richtigen und wichtigen Menschen an die Seite. „Zufällig" kreuzten sie engelähnlich meinen Weg und vermittelten mir mit einem sanften Fingerzeig, wohin ich den nächsten Fuß setzen sollte.

Ich machte fleißig meine Hausaufgaben und versäumte keinen Tag, meine Hände auf mein Herz zu legen, mir etwas Nettes zu sagen und anfänglich nur für kurze Momente in Ruhe und Stille bei mir zu sein.

10 mal, 100 mal, 1000 mal sprach ich wärmende und gute Worte der Liebe, der Achtung und der Anerkennung in mich hinein. Fremde, wundersame Gefühlswelten eröffneten sich mir. Ich spürte Leben, gutes Leben.

Mir wurde bewusst, dass Worte und Gedanken mein Leben verändern konnten.

Bis zu jener Erkenntnis hatte ich geglaubt, dass die ganze Welt schlecht sei und eine einzige Gefahr darstelle.

Alles war ganz anders.

Meine Innenwelt entschied über die Erfahrungen in der Außenwelt. Durch eigenes Dazutun konnte *ich selbst* meine Innenwelt verändern. Dies bedeutete, dass ich ein völlig anderes Leben, als es mir bisher vorgegeben wurde, kreieren konnte.

Mir wurde leichter um mein Herz. Etwas weitete sich in mir und Begeisterung zog ein.

Mein inneres Eis zerbrach stückchenweise. Es schmolz dahin wie die Butter in der warmen Sonne.

Ich erzählte mir, dass *ich* gut sei, dass *ich* fleißig arbeitete und dass *ich* bemüht sei, ein göttliches Bewusstsein zu erlangen. Ja, *ich* wollte Gott, den Retter, die Liebe, den Weg, eben das finden, was mich aus der starren Gedankenwelt meiner Kindheit und Jugendzeit befreien würde. Ein entscheidendes Lebensgesetz hatte sich mir offenbart: „Am Anfang war das Wort. Und das Wort war bei Gott. Und Gott war das Wort. Und alles, was gemacht wurde, wurde durch das Wort gemacht." (Joh. 1:1) Auf das gedachte und gesprochene Wort kam es an. Ich fühlte mich gestärkt, wenn ich Worte der Liebe in mich hineinlegte.

In diesem Jahr wurde ich 39 Jahre alt.

Dieses Lebensjahr würde mir in Erinnerung bleiben. Die Erkenntnis, dass ich *mein Leben* und *meine Welt* durch einen einzigen Gedanken, ein einziges Wort, neu gestalten konnte, faszinierte mich. Ich durfte am Leben mitwirken. Die negativen

Erfahrungen konnte ich auf meine minderwertigen Gedanken zurückführen. Im Denken war ich immer schon meisterhaft. Es kam auf die Richtung an, in die ich von nun an denken wollte. Dieses war mir sonnenklar: „Ich werde meinem Leben eine völlig neue Richtung geben!" Mein Opferdasein sollte bald ein Ende haben.

Der Mensch braucht Vorbilder

Mein Vater, ein groß gewachsener Mann edlen Charakters weinte, wenn er traurig war, und er bat um Verzeihung, wenn er einen Fehler gemacht hatte. Er war echt und bescheiden, demütig und liebevoll. Er lebte aus seinem Herzen heraus und bewies in seinem Denken und Handeln absolute Größe. Als junger Mensch bewunderte ich seine Stärke, seinen Mut, sich seiner Gefühle wegen nicht zu schämen.

Wie konnte es geschehen, dass wir uns aus den Augen verloren hatten? Auf meinem Weg – nach Hause – haben wir uns wiedergefunden.

Ich nahm mir vor, meine wahren Gefühle nicht mehr zu verleugnen. Ich weinte, wenn ich traurig war. Ungeachtet aller beherrschten Menschen um mich herum drückte ich Gefühle aus, vor denen ich mich so viele Jahre gefürchtet hatte. Mein Inneres sollte sich äußern dürfen, wann immer es die Notwendigkeit und ein Bedürfnis danach verspürte.

War es peinlich, meine Gefühle zu zeigen, so übte ich mit der Peinlichkeit umzugehen. Schämte ich mich meiner Gefühle wegen, so wollte ich Scham ertragen und verstehen lernen.

Eines stand fest: Bis zum Ende meiner Tage, so schwor ich mir, wollte ich Wahrhaftigkeit leben, mich frei machen in meiner Gedanken- und Gefühlswelt und meinem Herzen ermöglichen, Tür und Tor offen zu halten.

Von nun an lebte ich *mein* Leben.

Ich erlaubte mir jegliches Gefühl. Und ich war bereit, egal was es auch kosten möge, mich für mich selbst zu öffnen. Mein Gesicht erhielt einen völlig anderen, einen wacheren und klareren Ausdruck. Das innere Schöne trat scheibchenweise hervor. Und das Leben fühlte sich lebendiger an. Wenn ich in den Spiegel schaute, sah ich irgendwie „mich selbst".

Dieses „mich selbst" hatte noch keine stabile Verankerung gefunden. Es bedurfte des Wachstums. Permanent saß ich auf der Lauer, hörte, schaute und fühlte, um meine Authentizität zu trainieren, bei mir zu sein, bei mir zu bleiben, als meine innere beste Freundin für mich einzustehen.

Ich suchte mich, und ich fand mich

Ich suchte mich jahrelang in der Ferne, und ich fand mich in der Tiefe.

Ein ereignisreicher Weg hatte sich aufgetan. Er führte mich manchmal über ausgedehnte und spannungsgeladene Umwege, schließlich atemberaubend erfolgreich hinein in *mein eigenes*, ein von den Meinungen anderer Menschen unabhängiges Leben. Das Tor zur Freiheit und zur Wahrhaftigkeit öffnete sich mehr und mehr.

Voller Spannung und Neugier beobachtete ich, wie die Menschen wohl auf meine neue Vorgehensweise, mich selbst zu fühlen, selbst zu denken, nicht immer „Ja" und „Amen" zu allem zu sagen, reagieren würden. Ablehnung hatte ich befürchtet. Das Gegenteil war der Fall. Ich erntete Respekt und Achtung. Ich war nicht mehr „nur nett und brav". Gelegentlich war ich sogar unangenehm. Aber ich zeigte mein unverfälschtes, wahrhaftiges Wesen. Die Menschen erkannten rasch, dass ich ihnen stets mitteilte, was ich im tiefsten Inneren spürte. Von nun an konsultierten sie mich als ehrliche Ratgeberin.

Meine Zufriedenheit wirkte sich auf alle Lebensbereiche aus. Wenn der eigene innere Schatz aus der Tiefe gehoben und in Form von reiner Wahrhaftigkeit nach draußen getragen wird, erfährt ein Mensch hohe Achtung und Wertschätzung vor sich selbst und vor allen Anderen.

Die Engel stehen uns bei

und wir hören sie, wenn wir bereit sind, alte, unheilsame und zerstörerische Wege zu verlassen. Wenn wir fein und sanft werden, schwingen wir uns auf sie ein. Wir finden sie in einer Welt der zärtlichen Stille. Diejenigen, die den Mut aufbringen können, sich in ihrer ganzen Weichheit und Verletzlichkeit zu zeigen, schwingen mit den Engeln und werden von ihnen getragen.

Auf dem Weg zu mir selbst nahm ich zur Kenntnis, wie viele Menschen den Mut nicht hatten, sich ehrlich zu zeigen.

Freiwillig wäre auch ich nicht bereit gewesen, den Weg der scheinbaren Stärke, der Rohheit und der Überforderung zu verlassen. Er entsprach meiner bisherigen Prägung. Die innere Not, die Versagensängste und meine tiefe Verzweiflung haben mich veranlasst, mir auferlegt, eine neue Entscheidung zu treffen. Mit den Augen des Herzens betrachtet, einsichtig, musste ich zugeben, dass ich, ohne daran zu zerbrechen, nicht alles haben konnte. So entschied ich mich für ein genügsames, einfaches und friedvolles Leben entgegen den rücksichtslosen Bedürfnissen des Egos, das alles haben wollte. Man sagt, „wer alles will, der alles verliert". Die Engel taten viel später kund, dass das Lebensglück in der Genügsamkeit und Einfachheit zu finden sei.

Die Idee, materiellen Reichtum und Besitz anzuhäufen, brachte mir kein Glück.

„Ein Sack voller Geld baut noch lange kein herzenswarmes Nest," lehrte mich mein weiser und kluger Vater.

Ich habe mich gesucht und habe mich in der Sanftheit und Zartheit der Gefühle gefunden. Eines Tages werden sich alle Menschen finden. Wir suchen uns selbst, unseren inneren erfüllenden Reichtum. Wir suchen nicht ausschließlich Materielles. Dieser Weg ist kein wahrhaftiger. Er ist ein Irrweg, der aus einer Enttäuschung heraus gewählt wurde und dem Suchenden die scheinbare äußere Anerkennung gibt. Jedoch entscheidet jeder Mensch selbst, ob er primär dem leeren oder dem wahren Reichtum dienen will.

Gott, die Liebe gibt uns den freien Willen. Gott, die Liebe kennt keine Strafe. Die Liebe liebt.

Allerdings kann es schmerzen, wenn wir vom inneren Weg des Lebens in Liebe abkommen. Dann kehren wir um und beginnen einsichtig von vorne.

Dieser Prozess der Umkehr und der Einsicht kann sich über mehrere Jahre, auch über Jahrzehnte erstrecken.

Sicherlich hätte ich diesen Weg alleine niemals beschreiten können. Ich betete viele Stunden und redete mit meinen irdischen und überirdischen Begleitern, meinen Erdenengeln, den Menschen, und den göttlichen Lichtwesen über der Erde, mir auf diesem Weg beizustehen, in den Anfechtungen standzuhalten. Meine Erdenengel, das heißt meine Herzensfreundinnen und Herzensfreunde glaubten an mich, und meine überirdischen Helfer flüsterten in mein linkes Herzensohr und stärkten mit unermesslicher Kraft mein Rückgrat.

Glaube nur, dass sie auch in Dein Ohr flüstern und Dein Rückgrat stärken.

Wisse, wer Du bist

Die höchste Wertschätzung schenkten mir meine
wertvollen Erdenengel, sanfte engelhafte Geschöpfe
aus Fleisch und Blut.

Meine wundervollen Freundinnen und mein
geliebter Freund nannten mich

ein geliebtes Kind Gottes.

Was könnte es Würdigeres geben,

als Gottes geliebtes Kind zu sein!

Wir sind alle seine geliebten Kinder.

„Du bist seine Tochter!"

„Du bist sein Sohn!"

In dieser Phase meines Lebens erfuhr ich bewusst,
wie wichtig es war und immer sein wird, liebende
Freundinnen und Freunde mit einer gesunden
Geisteshaltung um sich zu haben, die uns an der
Hand nehmen und uns über die Brücken der
tobenden Fluten des Lebens führen.

Allmählich fühlte ich mich auch von einer
übergeordneten großen Liebe in meinem RICHTIG-
SEIN bestätigt und gewollt. Und mein Herz sagte
mir, dass alle Menschen im tiefen Inneren richtig
und von Gott, der Liebe gewollt sind.

Die letzten Attacken

Die letzten Attacken gegen mich selbst, die Reste meiner noch verbliebenen Ablehnung, der Selbstzerstörung und des Selbstzweifels besänftigte die Liebe meines Herzens, verwandelte sie in Akzeptanz, Wertschätzung und tiefen Glauben an das Gute in mir selbst und in allen anderen Lebewesen.

10 mal – 100 mal – 1000 mal sprach ich in unermüdlicher Begeisterung wärmende Worte der Liebe, der Achtung und der Anerkennung in mich hinein, wohl wissend um den reichen Ertrag.

Und jedes einzelne Mal durchfuhr mich eine unbeschreibliche Kraft, die bisher noch unberührte Steine zum Purzeln brachte.

Wie viele kleine Schutzwälle kann ein Kind bis hinein in sein Erwachsenenalter errichten?

Und wie viele Jahre braucht ein Erwachsener, all die Schutzwälle wieder einzureißen?

Je gesünder, zentrierter ich wurde, desto lauter und klarer vernahm ich die Stimmen der Engel. Und ich empfand ihre Botschaften als

Wegweiser für alle Menschen auf unserem Planeten:

„Wir passen in einer unermesslichen Liebe auf euch auf. Wenn ihr euch für das Gute entschieden habt, dürft ihr euch dessen ganz sicher sein."

„Wir können nicht allen Menschen helfen. Diejenigen, die das Böse und die Dunkelheit der Liebe und dem Licht vorziehen und auch jene, die nicht an Engel glauben, bewegen sich fernab unserer Frequenz des Lichtes und der Liebe."

Heute weiß ich, dass sich die Engel niemals von ihren geliebten Menschen entfernen. Die Menschen entfernen sich von den Engeln.

Bereits im Kindesalter haben die Schutzengel zu mir gesprochen und mich am Rücken berührt, mich vorwärts und die Treppen hinaufgeschoben.

Damals glaubte ich, dass es allen Menschen so erginge. Es gab keinerlei Grund, darüber zu sprechen. Dass Engel über uns wachten, fröhlich mit uns spielten, sah ich als Selbstverständlichkeit an.

Gerne möchte ich ein Bild davon geben, wie sich die Engel heute in meinem Leben zeigen

Ich nehme sie in sehr vielen Menschen als deren goldene Seelen wahr. Ich „sehe" sie als reines gelbes, goldenes, auch weißes Licht in unterschiedlichen Formen und Größen in den Menschen als ihr eigenes Sein, sowie bei den Menschen als wachende Schutz-Seele, behütender Schutz-Engel. „Flügel" habe ich bis zum heutigen Tag nicht wahrgenommen. Ich empfinde ihre hoch sensiblen Schwingungen, wenn ich mich selbst in einer Phase intensiver Verbundenheit mit „dem Himmel und seinen Winden" befinde. Diesen Zustand erreiche ich durch intensives Atemtraining bei einem Atemvolumen von ca. sechs Litern.

Gott hat mir diese wundervolle Gabe verliehen. Und er hat mir befohlen, seinen fast toten und fast verlorenen Seelen eine Daseinsform und eine Daseinsmöglichkeit zu errichten. „Hilf den Menschen auf der Erde, lebendig zu werden und ihren Weg zu finden. Erfülle ihre Herzen mit Liebe und sage ihnen etwas Nettes," fügte er hinzu.

An dieser Stelle habe ich mir erlaubt, über meine LEBENS-AUF-GABE zu schreiben.

Habe auch Du den Mut,
Deine LEBENS-AUF-GABE zu suchen

Wir werden in eine Familie hineingeboren, in der alle Familienmitglieder so unterschiedlich sind wie die Finger an einer Hand.
Einen anderen Menschen zu kopieren bedeutet zu scheitern, ein unglückliches Dasein zu führen.

Sei Du selbst, sei authentisch, sei ehrlich, direkt und klar! Sprich Deine Wahrheit aus! Finde den richtigen Ton! Wahre und gerade Menschen mit einer gesunden Geisteshaltung sind sehr selten geworden.

Gehe in Dein Inneres und höre! Suche Deine Berufung! Gehe in den tiefen Keller, um Dich dort zu finden! Der Schatz liegt immer auf dem Grund. Wenn Du Deinen Schatz noch nicht gefunden hast, kann es sein, dass Du zu oberflächlich suchst. Atme, atme, atme! Lege Deine Hände auf Dein Herz und komme von außen und gib Liebesgedanken hinein. Liebe ist das Licht für den Geist, das Dich sehend macht. Ergründe Deine Tiefen!

Merke: Wenn es nicht vorwärts geht, dann ist es an der Zeit, in die Tiefe hinunterzugraben.

Das Leben braucht jedes liebende Herz, um eine harmonische Welt zu schaffen. Das Leben braucht DICH.

Warte nicht zu lange! Fange an und spüre, wie es sich anfühlt, mit dem Kopf gegen die Wand zu laufen! Falle hin und stehe wieder auf! Falle 100 mal hin, aber stehe 101 mal wieder auf! Frage große Persönlichkeiten, wie oft sie wieder aufgestanden sind! Die Lebendigkeit stirbt, wenn Du versuchst, perfekt zu sein. Perfektion heißt, sich einzuzementieren und den errungenen Sieg festzunageln.

Probiere aus, starte neu, probiere wieder aus! Bleibe bei Dir, in der Achtung und in der Liebe! Wenn der Erfolg ausbleibt, fühle neu! Du bist um eine wertvolle Erfahrung reicher geworden. Wage mutig, alte, erfolglose, sinnlose Pfade zu verlassen!

Lebe nicht auf zu großem Fuße! Das hat schon sehr vielen Menschen das Genick gebrochen. Lebe ein einfaches Leben! Stoße an Deine Grenzen, um Dich selbst wahrzunehmen! Warte nicht, bis Du makellos in einer Sache bist! Wenn nur die Makellosen ihrer Wege gingen, wären die Straßen leer. Wenn nur die allerbesten Singvöglein sängen, wäre es in den Wäldern still.

Fühle auch, dass Du manchmal nichts fühlst! Alles ist gut, wie es ist.

Gehe Schritt für Schritt vorwärts! Spüre das Leben
oder spüre es auch nicht!

Öffne Dich immer wieder neu! Werde feinfühlig,
sanftmütig und zartfühlend! Damit begibst Du Dich
auf die Frequenz des Hauches der Liebe.

Hier schwingen Körper, Geist und Seele in Freude
harmonisch miteinander. Du bist am Ziel Deiner
Reise, im Urgrund der Herzensliebe angekommen.
Du hast Dich qualifiziert und bist jetzt reif für
Deine Gabe. Hier wird sie Dir voller Vertrauen,
dass Du sie in Liebe erfüllst, verliehen.

Wie viel die Menschen schaffen, das ist nicht die
große Frage. Ob sie jedoch mit ganzem Herzen bei
der Arbeit sind, diese Frage stellt das Leben.
Jegliche Art von Beschäftigung soll mit ganzem
Herzen aufgenommen werden.

Das Leben verlangt von Dir, jeden einzelnen Schritt
gemeinsam mit Deinem Herzen zu gehen.
Unternimm nichts herzlos oder halbherzig. Du wirst
erkranken, wenn Du Wege gehst, die Du Dir
widerwillig abverlangst. Sei auch nicht jedermanns
Liebkind. Herzloses Tun, herzlose Schritte sind
ohne Sinn. Sinnlose Unternehmungen, die der Erde
und dem darauf lebenden Wesen nicht dienlich sind,
sind nutzlos oder bringen Schaden. Verkaufe
niemals Dein Herz. Wer sein Herz verkauft, wird
bald schon seine Erde verkaufen für Geld, das er
nicht ehrlich, mit seiner Gabe verdient hat.

Bedenken wir stets, dass wir früher oder später ernten müssen, was wir gesät haben.

Der Mensch ist, was er isst

Unser Körper soll im Laufe unseres Lebens einer fein gestimmten Stradivari (benannt nach dem italienischen Geigenbauer A. Stradivari, 1644-1737), auf der wir unsere Lebensmelodie spielen, angeglichen werden. Es empfiehlt sich, sein Instrument zu hegen und zu pflegen. Die Seele, die sanft schwingt wie die Klänge einer Stradivari, möchte in Harmonie mit dem Körper leben.

Der Körper ist die wichtigste „Wohnung", in der wir Geist-Seelenwesen unser Erdendasein verbringen. Halten wir sie rein und würdigen wir sie, dient sie uns lange und gerne.

Ein entscheidender Aspekt auf dem Befreiungs-Weg eines Menschen ist seine Ernährung. Disziplin und Verzicht, Fasten und gelegentliches Entbehren formen den Charakter eines Menschen. Ein sich ernstnehmender, sich selbst liebender Mensch lebt in Selbstachtung. Er zerstört seine Gesundheit nicht mit Junkfood. Fettes und zuckerhaltiges Essen, übersäuerte Getränke verstopfen die Poren und berauben den Menschen seiner Begeisterungsfähigkeit.

Wenn Du Deine Natur entdecken möchtest, dann entsprich ihr:

Iss Grünes, Gelbes, Rotes und Buntes. Iss in der Erde und auf der Erde Gewachsenes, um mit der Natur in Einklang zu kommen. Bleibe durchlässig!

Die Engel rufen: „Versäume keine Zeit!"

Ihr tiefstes Anliegen für uns Menschen auf der Erde ist es, dass wir uns selbst lieben, achten und anerkennen lernen sollen.

„Beginne heute," wünschen sie.

Das Licht, das in der Selbstliebe, der Selbstachtung und der Anerkennung in uns heller und größer wird, ist der Schlüssel zum Tor des eigenen Herzens. Durch die offenen Herzenstüren strömt reine Energie aus dem Universum direkt in unser Innerstes und verbindet uns mit dem großen kosmischen Strom, der alles „begeistert".

Der starke Strom des kosmischen Geistes, vergleichbar mit dem Strom, der die Drähte aller Glühbirnen dieser Erde zum Leuchten bringt, vermag alle Herzen zu erhellen.

Wenn Du leuchten willst, dann bleibe mit dem kosmischen Strom verbunden!

Das ist die Geist-Seele

„Du brauchst nur Dein Herz zu öffnen, die Liebe sichtbar werden lassen, und der Geist wird zu Dir kommen." Er wird Deine Gedanken befeuern (atme! atme! atme!) und durch das Befeuern die Seele erhellen, sodass Dein Leben zur „Begeisterung" für Dich und die Welt werden kann. Alle großen Dinge sind durch die Begeisterung entstanden.

Wir befinden uns täglich in der Schule des Lebens

Sie will uns gut durch das Leben führen, indem sie uns Lebensregeln an die Hand gibt:

Liebe, achte und anerkenne Dich selbst und den Nächsten von ganzem Herzen! Die Liebe ist der Inhalt des Lebens. Ohne die Liebe bleibt alles leer.

Sei dankbar! Die Dankbarkeit stellt das Leben eines Menschen auf gesunde, stabile Beine. Dankbarkeit öffnet die Pforten zum Himmelreich. Im Danken wächst das Haben. Im Klagen wächst das Soll. Das Innere wird im Äußeren sichtbar.

Lerne, zu bitten! In der Natur des Menschen liegt es, helfen zu wollen. Ein Mensch, der helfen darf, empfindet Erfüllung. Im Bitten machen wir einen anderen Menschen glücklich; denn er wird gebraucht und darf geben.

Lebe wahrhaftig!
„Die Wahrheit macht Dich frei."
(Joh. 8, 32)
Es gibt nur eine Wahrheit, die Wahrheit des Herzens. Sie befreit das Gewissen. Ein gutes Gewissen ist ein sanftes Ruhekissen.

Vergebung heilt alle Wunden. Vergib Dir selbst und dem Nächsten! Um Vergebung üben zu können, müssen wir verletzt werden und verletzen. Würde ein Mensch nicht verletzt werden, könnte er Vergebung nicht üben.

Alle Menschen machen aufgrund ihres Wissens- und Entwicklungsstandes Fehler. Wir sind allesamt in der Lebensschule, und wir lernen bis zum letzten Tag. Die Herausforderung liegt darin, nicht aufzugeben, zerstörerische Anteile zu erkennen, weiter zu lernen und durch die Erfahrung ein klügerer Mensch zu werden.

Sicherlich habe auch ich in unbewussten Tagen den Menschen Leid zugefügt. Ich habe es nicht besser gewusst. Und so geht es allen Menschen.

Entscheidend hierbei ist für mich gewesen, mir selbst für meine kleinen und größeren Zuwiderhandlungen zu verzeihen, Verständnis für mich selbst aufzubringen. Ich habe mir selbst die Hand zur Vergebung gereicht. Man glaubt gar nicht, wie inniglich unsere Seele auf ein „verzeihe mir bitte, dass ich nicht auf Dich gehört habe," wartet. Unter Tränen lösten sich tiefe Verhärtungen auf.

Es versteht sich von selbst, dass ich heute reflektiere und mir meine eigenen Fehler anschaue, mir selbst und meinen Mitmenschen vergebe. Wenn das Leid, das mir zugefügt wird, zu massiv in mein Leben hineinwirkt, dann schaffe ich es nicht, zu verzeihen. Dann bitte ich die Gotteskraft um Beistand:

„Lieber Gott, bitte, hilf mir, und mache Du es. Ich kann und will nicht verzeihen. Ich bin nicht stark genug. Das Leid, das mir ungerechterweise zugefügt wurde, hat mich aus der Bahn geworfen. Bitte, lieber Gott, verzeihe Du ihnen, denn sie wissen nicht, was sie mir damit angetan haben!" Ich lasse los und gebe alles ab. Wenn Gott sich meines Herzeleides annimmt, wird alles zum Allerbesten gelöst. Und mein Rucksack, in jenem ich das *schwere* Vergehen nachgetragen habe, entleert sich. Mein „Kreuz" wird *leicht und frei*.

Ich setzte meinen Weg fort

Wissbegierig und voller Freude über meine errungenen Siege, stand ich vor der nächst höheren Stufe im Kurs der Liebe

Die Liebe sagt: „Alles hat einen Sinn."

Das Leben lehrte mich, und es lehrt mich noch heute, alles widerstandslos anzunehmen und zu lieben, was gerade ist.

Anstatt die Herausforderung wegzuschieben nehme ich sie in die Hand, um das scheinbar „Ungute" näher zu betrachten. Meistens löst sich die dahinter steckende Angst schon bei näherer Betrachtung auf. Packe ich die Herausforderung nicht beim Schopfe, dann verfolgt sie mich solange, bis ich mich ermattet ergebe und mich ihrer annehme. Am Ende soll alles gut sein. Wenn es noch nicht gut ist, dann bin ich noch nicht am Ende angekommen. Das Leben gibt mir Zeit, jedoch möchte ich keine Stunde meines Lebens mehr sinnlos vergeuden.

Jede Herausforderung ist gut für irgendetwas. Ohne diese fänden kein Lernprozess und kein Fortschritt statt.

Das Leben hat immer recht. Im Widerstand verlieren wir nur unsere Kräfte, um am Ende dann doch zugeben zu müssen: „Ich kann nicht mehr. Dann soll es eben kommen, wie es kommen soll."

Was sein soll, das wird sein. Wehren wir uns gegen die Klugheit und die hohe Intelligenz des Lebens, werden wir daran zerbrechen. Wir müssen mit dem Leben gehen. Wenn wir loslassen, dann kommt es so gut, wie das Leben es vorgesehen hat. Das Leben ist die Liebe, die das Allerbeste für uns will.

Wenn wir nach Jahren Rückschau halten, danken wir dem Leben, dass es genau so gekommen ist wie es am allerbesten für uns war.

Wir sehen doch immer nur ein Wenig. Das Leben sieht immer das Ganze.

Diese Erkenntnis ist eine der eindringlichsten meines Lebens geworden.

Im Widerstand liegen nicht Sieg noch Frieden.

„Es ist was es ist", sagt die Liebe; sie wertet nicht.

Ich lasse alles los und überlasse Gott seinen Plan für mein Leben. Hierbei bleibe ich die Handelnde. Gott ist mit mir im Tun und gibt mir die Kraft zur Verwirklichung seiner Pläne für mein Leben.

„Und meine Engel gehen mir voran und gestalten meinen Weg erfolgreich und gedeihlich."

Ja, SO mache ich weiter! SO geht Leben!

Diese Gedanken fühlen sich gut an!

Ergründe den Weg des Lebens täglich neu!

Stets war ich im Dauerlauf unterwegs. Ruhe-
und rastlos bin ich unbewusst einem
undefinierbaren Ideal hinterhergejagt.

Eines Tages sah ich mich von außen hetzen und rennen.

Ich hielt an und stellte mich in die Mitte des Weges und fragte das Leben, wohin ich wohl hetzen wollte. Das Leben antwortete mir nicht.

Bald darauf träumte ich die Antwort.

Ein Engel sprach zu mir: „Hetze nicht! Du brauchst Dir auch keinen Druck zu machen. Gehe nur Deinen Weg! Das Leben sucht nicht Deinen Erfolg und nicht Deine Fassaden. Das Leben will Dich, Deinen Geist, Deine Seele und Dein Herz!"

„Gehe ruhig und langsam, besinnlich und sorgfältig, Schritt für Schritt. Du wirst geführt."

„Höre nur auf Dein Inneres. Durch Dein Herz spricht das Leben zu Dir."

Ich lernte, mit meinem Herzen zu sprechen

Von Jahr zu Jahr gelang es mir immer besser, meiner inneren Herzensstimme zu vertrauen. Anfänglich war es ungewohnt. Je mehr ich jedoch an liebevollen Worten hineinlegte, desto klarer vernahm ich die Antworten. Ich sprach mit meinem Herzen in einer feinen, sanften Sprache: „Mein wundervolles Herz, geht es Dir gut? Du bist mein Leben, und in Dir finde ich die Kraft der Liebe. Ich danke Dir für Deine Leistung. Mehrere tausend Liter Blut pumpst Du täglich durch meinen Körperkreislauf hindurch, und Du beschwerst Dich nie. Du bist großartig. Ich liebe Dich!"

Es zieht uns nach oben, wenn wir liebe Gedanken und Worte in uns hineinlegen. Sie sättigen und erfüllen uns:

„Ich liebe, achte und anerkenne mich von ganzem Herzen."

10 mal, 100 mal, 1000 mal sprach ich diese Worte in mich hinein.

Von Zeit zu Zeit ließ mein „Liebes-Heiß-Hunger" nach. Meine Körperenergie wuchs ins Unermessliche. Die guten Worte der Liebe, der Achtung und der Anerkennung verliehen mir enorm viel Kraft und nährten meine hungrige Seele.

Wo ist der Himmel?

Im Traum sah ich ein Bild, das einen grauen Schatten in einer Seele darstellte und von drinnen, aus meiner Mitte heraus rief es: „Komme Du von außen herein und fülle Deine noch verbliebene Dunkelheit mit dem Geist der Liebe und mit Licht, das strahlt wie Gold. Hilf anderen dunklen Seelen, die Dir in ihrer Angst begegnen, sich von außen her zu erfüllen mit Licht, das strahlt wie Gold und mit

den Worten der Liebe.
Das ist Dein Lebens-Sinn!"

Im Inneren Selbst sei der Himmel, tat sich mir kund. („Das Himmelreich ist inwendig in euch, im Heute, im Hier und im Jetzt." Luk. 17, 20-21)

Zu diesem Himmel sollte ich mich mit dem Geist der Selbstliebe von außen her durcharbeiten, von oben her kommend wie ein Laserstrahl hinunter zum göttlichen Grund wurde mir gesagt. Ich befolge liebevoll alle Anweisungen bis zum heutigen Tag.

Das Leben eines Menschen verändert sich tiefgreifend, wenn er erkennt, dass er zu dem wird, was er *in sich selbst* und *in andere* hinein denkt.

10 mal, 100 mal, 1000 mal sprach ich Liebes und Gutes in mich selbst und in viele andere Wesen hinein, um die „Löcher" zu stopfen und die grauen Schatten zu erhellen. Da tat sich wahrlich der Himmel auf.

Uns Menschen wird alles gesagt. Dieses unermessliche Geschenk ist jedoch an eine Bedingung geknüpft: Auf Kopfhörer und nervige Permanentbeschallung müssen wir vermehrt verzichten.

Wenn wir wie neugierige Kinder die Ohren spitzen und in der Stille ganz genau hinhören, bekommen wir vom Leben auf *jede* Frage eine Antwort. Wir sind keine Sekunde, weder am Tag noch in der Nacht, geistig allein gelassen.

Wovor sollte ich mich jetzt noch fürchten?

Mir wurde bewusst, dass meine Angst sich dann zeigte, wenn ich verkehrt lebte, entgegen meiner Herzensstimme.
Noch viel wacher und achtsamer wollte ich werden.

In Ermangelung der Herzensliebe ergreift die Angst die Macht über die Seele und schmälert sie. Die Seele ist auf den Liebesfluss eines offenen Herzens angewiesen.
Die Herzensliebe ist der Schutzmantel der Seele.

Schmetterlinge im Herzen – Schmetterlinge im Bauch

Mein Leben wurde leicht und frei. Ich schwebte vor Glück. Ich flog mit den Schmetterlingen und fühlte mich trotzdem sehr einsam.

Wer zu hoch fliegt, der läuft Gefahr abzustürzen.

Und ich bin immer wieder abgestürzt, lag am Boden und musste mich mühsam wieder aufrichten. Doch dann träumte ich eines Nachts von der „Verbindung durch die Erdung" (Erdung, siehe nähere Erläuterung S. 54-55).

Gut geerdet, mit der Welt und seinen Lebewesen verbunden, fühlte ich Beständigkeit. Das erste Mal in meinem Leben *erfuhr ich bewusst*, welch massiven Einfluss gesunde Bodenhaftung auf mein Leben nahm. Und die Abstürze blieben aus.

Gott im Himmel, was und wo wäre ich ohne Dich und Deine Engel?

„Ich liebe mein Leben, und mein Leben liebt mich!"

Mein wachsender Glaube (Glaube: indogermanisch „leubh", d.h. begehren, gutheißen, für lieb erklären, lieb haben, loben) an mich selbst und an das Gute im Menschen machte mich sicherer. In völlig neuem Vertrauen ging ich unbefangen auf die Menschen zu. Und ich traute mich, das bis hierhin völlig Undenkbare zu praktizieren, den Menschen in die Augen zu schauen.

Meine positiven Erfahrungen ermutigten mich und lockten mich in „die Welt" hinaus. Nicht in den kühnsten Träumen hätte ich mir vorstellen können, eines Tages im Urgrund des Herzens die

Angstfreiheit zu finden und mich selbst und die ganze Welt umarmen zu wollen.

Ertrage den Stillstand

Mutig wollte ich nur noch nach vorne streben. Und dann holte mich plötzlich die Vergangenheit ein. Buchstäblich kreiste ich um die Herausforderungen, ich kreiste und kreiste und kreiste. Es ging keinen Zentimeter vorwärts.

Nach einer langen Phase voller Verärgerung und schlechter Laune hielt ich bewusst inne und fragte mein Inneres nach dem Sinn dieser Stagnation.

„Du rennst mit einem Affenzahn Deinem Leben voraus. Gehe im Tempo des Lebens! Mache kleinere Schritte! Schon wieder geht es Dir nicht rasant genug, und erneut genügst Du Dir selber nicht. Das Leben verlangt es anders: Schaue zurück und anerkenne Deine vielen kleinen und doch beachtlichen Erfolge und danke Dir selbst für Dein übergroßes Durchhaltevermögen und Deinen unendlichen Mut! Dann erst mache den nächsten Schritt nach vorne! Werde Dir Deiner Leistung bewusst! Erst die Bewusstmachung Deiner bisherigen Bemühungen trägt Dich erhobenen Hauptes in die Zukunft hinein. Wohin rennst Du und wofür rennst Du? Wenn Du Dich auf dem Weg nicht anerkennst, dann wirst Du es niemals tun. Darum halte inne, ertrage den Stillstand und lobe, liebe, und anerkenne Dich selbst von ganzem Herzen!"

Die Energie, die ich aus der Anerkennung meiner kleinen Erfolge zog, trug mich weiter und wieder vorwärts. Welch erfrischende Erkenntnis!

Nutze die Kraft des heilsamen Geistes in Deinem Kopf

„Mir ist ein Licht aufgegangen."

Eine innere Umkehr hat sich in mir entwickelt, weg von zerstörerischem und hin zu behutsamem und rücksichtsvollem Denken und Handeln.

Diese neue Welt, in der mein Kopf mit seinem heilsamen Geist und mein lichtvolles Herz zusammenarbeiten, tut mir gut. Und damit tue ich auch allen anderen Geschöpfen gut. *In mir* findet alles, was in meinem Erwachsenenleben geschieht, seinen Anfang. *Ich* übernehme für jeden einzelnen Gedanken, der meine Welt konzipiert, die volle Verantwortung. *Ich bin es*, die denkt, und *ich bin es*, die das Gedachte erfährt. *Ich bin die Baukünstlerin meines Lebens.*

Ich lasse nicht mehr zu, dass wilde, unbeherrschte, satanische Gedanken in mir toben. Mein

Bewusstsein hat einen höheren Entwicklungsstand erreicht. Ich beherrsche meine Gedanken. Und der Himmel möge mich am Tag und in der Nacht mit seiner Inspiration beflügeln. Ich werde da sein und in der Stille ganz genau hinhören.

Ich spüre meine innere Reinheit

Harmonie

Als ich in der Harmonie meiner Geist-Seele mit meinem Körper angekommen war, mochte ich keine schwarzen Kleidungsstücke mehr tragen. Sie katapultierten mich gefühlsmäßig zurück in mein Versteck. Das Licht, das ich auf der Haut und in meinem Inneren brauchte, kam nicht zu mir durch.

Das Licht, das durch helle oder bunte Kleidung scheint, hebt an grauen Tagen meine Stimmung.

Meine Abhängigkeit tat einst weh

**Mein lautloser Schrei nach Liebe zeigte sich
äußerlich in Verkrümmungen und
Verbiegungen.**

Heute hüpfen das Glück und die Liebe in mir. Ich habe gelernt, mein Leben selbst zu erfüllen und aufrecht und gerade für mich einzutreten, mich offen und ehrlich zu bejahen.

Aus meinem neu errungenen inneren Reichtum verschenke ich Liebe und Glück.

Ich begegne den Menschen in Liebe, und sie antworten mit Liebe.

Weil ich mich selbst annehme, fühle ich mich angenommen.

Weil ich mich selbst angenommen fühle, vermag ich alle anderen Menschen anzunehmen.

Weil ich mich selbst liebe, fühle ich mich geliebt.

Weil ich mich geliebt fühle, vermag ich alle anderen Menschen zu lieben.

Der liebevolle und respektvolle Umgang mit mir selbst ermöglicht mir den liebevollen und respektvollen Umgang mit meinen Mitmenschen und allen anderen Lebewesen.

Die Welt ist farbenfroh geworden –
ich blühe darin auf

Ich bin glücklich.

Ich bin dankbar.

Ich bin frei.

Ich höre auf mein Herz und folge seinen Anweisungen.

Felsenfest glaube ich an die Wahrheit meines Herzens.

Es spricht eine klare, reine und einfache Sprache.

Ich werde still und lausche und gebe Liebe, Achtung und Anerkennung hinein, und ich bin mir sicher, dass es gerne mit mir „kommunizieren" mag.

Ich darf mein Herz nie wieder leer werden lassen

Mit einem erfüllten Herzen bin ich glücklich und zufrieden für mich und für die Welt.

Täglich lege ich meine Hände auf mein Herz und spreche Worte der Liebe, der Achtung und der Anerkennung in mich hinein:

„Ich liebe, achte und anerkenne mich von ganzem Herzen!"

10 mal – 100 mal – 1000 mal

Helles Licht durchflutet mich, verändert meine Körperzellen, erfüllt jede einzelne Zelle mit Licht und Liebe, reinigt meine Gedanken und meine Worte.

Meine Herzensliebe fließt über und erfüllt meine Seele vom Scheitel bis zur Sohle. Die Seele soll stabil in den Füßen ihre Verankerung finden, um auf der Erde anzukommen.

Mein Leben ist so schön geworden.

Unser Liebesgeist schafft in uns stets tiefere, weitere und größere Räume, in denen neues Leben voller Kraft stattfinden kann. Unergründlich scheint diese Tiefe. Hier findet die Verbindung statt mit dem Ursprung allen Lebens, aller Werke und aller Wunder.

Unermessliche, schöpferische, uns erhaltende
Energien wirken aus dieser liebenden Quelle auf
uns Menschen ein.

**Im tiefsten Urgrund, dem Himmel,
erteilt Gott den Menschen
die Gnade der Liebe.**

Entscheiden wir uns, warmherzig, sanftmütig,
wohlwollend, gütig, milde und ruhig zu werden,
heilen wir an Körper, Geist und Seele.

In dieser Friedlichkeit hören wir den Willen des
Himmels.

Wir tun gut daran, seinen Willen zu unserem Willen
zu machen:

„Liebe Deinen Nächsten wie Dich selbst."
(Mk. 12, 99)

Unter dem Schutzmantel der Liebe wächst eine
Seele zur Persönlichkeit heran.

In der Liebe entsteht und wächst der Wert des
Menschen. Ein Mensch mit Wert gibt sich nicht als
Opfer für andere hin für ein klein wenig
Anerkennung. Er bleibt sich in der Selbstachtung
treu und verkommt nicht in zerstörerischer
Überforderung. Er wirft sein Leben nicht weg. Es
ist ihm bewusst, dass das Leben selbstbestimmt
gelebt und geliebt werden möchte.

Rückblickend ist es mir gelungen, das Tor zum
Licht des Lebens zu öffnen und ein massives

Mauerwerk zum Einstürzen zu bringen. Es waren die Barrikaden zwischen dem Geist und meinem Herzen. Ein fremdgesteuerter Geist dachte Worte der Zerstörung, und mein Herz musste einen Riegel vorschieben, um an diesen harten Worten nicht zu zerbrechen. Damals hatte ein negativ denkender Kopf nicht auf mein liebendes Herz hören wollen. Dies waren die typischen Erscheinungsformen des Egos, das sprach: „Ich kann immer alles besser als die Liebe es kann."

Das Ego ist der Feind der Liebe. Es will den Menschen wertlos machen. Es schafft Trennung und Einsamkeit. Es lässt den Menschen in die Verzweiflung laufen und schaut schadenfroh zu, wenn er untergeht.

Gib dem Ego keine Chance!

Wenn es Dich einholen will, besiege es, indem Du fragst, ob Du gerade ein Machtspiel ins Leben rufst oder der Liebe zum Sieg verhilfst.

Im Zweifelsfall setzte ich mich hin und fühlte mich in die Liebe hinein. Ich stellte meinem Herzen die Frage: „Wie würdest Du in dieser Situation entscheiden?" Die Antworten waren verblüffend, und sie fielen völlig anders aus als erwartet. Das

war das Ende des Egos. Damit hatte es die Macht
über mich gänzlich verloren.

Vertraue dem Licht und der Liebe des Herzens!

Deine kreative Geisteskraft ist segensreich. *Dein*
guter Herzenswille, *Deine* unermüdliche Arbeit und
Dein fester Glaube an Dich selbst, können Tore
öffnen, Mauern zu Fall bringen und, wenn es sein
muss, Berge versetzen.

Atmung – ich nenne sie auch – die innere Entfaltung

„Für jede Krankheit gibt es einen Geist, einen vorausgegangenen Gedanken!"

Die Entfaltung und Entwirrung der erkrankten, aus der Harmonie gefallenen Zellen geschieht auf folgende Art und Weise:

In der Tiefenentspannung wird mit der Atmung der kranke Gedanke abgelesen (bitte in den kranken Pol hineinatmen) und ins Bewusstsein im Kopf hochgeholt, aus dem dunklen unbewussten Keller ins Licht des Bewusstseins hochgeatmet. An einem stillen Ort hört der Mensch, was hochkommen will. Der eingeprägte kranke Geist ist in jedem Moment veränderbar. Entartete, verdrehte kranke Zellen können bewusst durch heilsame Worte, die zu harmonischen Gefühlen werden, umgebaut und aufgerichtet werden:

„Jede einzelne Zelle meines Körpers ist erfüllt von reinem göttlichem Licht und von reiner göttlicher Liebe." In Momenten einer Disharmonie spreche ich diese Worte viele Male in mich hinein und spüre innerhalb von kurzer Zeit, wie sich mein Nervensystem besänftigen lässt.

Der heilige = heilsame Geist steht über allem.

Er bewirkt die Neubelebung aller Zellen.

Ein Mensch, der sich selbst krank gemacht, gedemütigt hat, lebt in dem Segen, sich selbst durch die Liebe wieder aufrichten zu können.

Atem = Seele = Odem = weißer Rauch, muss den Körper von Kopf bis Fuß ausfüllen.

Da ich an den Angriffen durch die dunklen Schatten gewachsen bin, weiß ich mich heute durch die intensive Verankerung meiner Seele zu schützen.

Wenn der Mensch das tiefe Hineinatmen täglich trainiert, sich intensiv verwurzelt, kann seine Seele nicht entrissen werden.

Die dunklen Schatten werden hauptsächlich aktiv in der Atemlosigkeit der Überforderung und in Augenblicken des Selbstzweifels.

In Selbstliebe, Selbstachtung und Anerkennung lebt die Seele gerne in gesunder Verankerung im Körper, bis hinunter zur Fußsohle.

Alle dunklen Nischen, Falten, Spalten und Rillen sollen anhand der Atmung geöffnet und von altem Müll befreit werden.

Ist die Seele in voller Größe eingezogen, verlieren sich alle Existenzängste.

Übergewicht ist häufig ein Bedürfnis einer nicht geerdeten Seele, über den Umweg der Körperschwere, Boden zu finden.

Sorgen wir dafür, dass uns nie die Luft ausgeht.

Derjenige, der den längeren Atem hat, hält durch.

Der Wind formt und verändert die Welt.

Alle Lebewesen bedienen sich des gleichen Windes = Atems = Odems = Seele.

Sie überwinden damit ihre Herausforderungen.

Tief Luft holen und durch die Herausforderung durchgehen.

Erden

Die Welt braucht Menschen, die mit beiden Füßen
fest auf dem Boden **stehen**.

Und die Welt braucht Menschen, die zu ihren
inneren Überzeugungen **stehen**.

Kontinuierliches und bewusstes Verbinden mit
Mutter Erde garantiert uns den sicheren Boden
unter den Füßen.

Meine Erfahrung lehrt mich, mich einer guten
Erdung täglich zu vergewissern.

Bitte, stelle Dich konzentriert auf Deine Füße auf
einer Wiese, im Wohnzimmer, im Büro und fühle
den Boden unter Deinen Füßen.

Stelle Dir vor, Du wärst ein mächtiger, gesunder
Baum mit sehr tief gründendem Wurzelwerk. Deine
Wurzeln wachsen tiefer und tiefer in die Erde hinein
und verleihen Dir massiven Halt. Atme intensiv
durch Deinen Körper hindurch vom Scheitel bis zu
den Zehen und in die Wurzeln hinunter. So
verbindest Du Dich gut mit Mutter Erde.

Gut geerdete Menschen bleiben in den wildesten
Stürmen des Lebens in der Ruhe. Sie haben guten
Boden unter den Füßen.

„Bodenlosigkeit" neigt zu Unverschämtheit.

Man spricht über die bodenlose Unverschämtheit, die bodenlose Frechheit und darüber, dass Lügen kurze Beine haben. Die Bedeutung dieser Aussage ist folgende:

Eines Menschen Seele, die lügt oder angelogen wird, zieht es schockiert aus den Beinen zurück; sie erreicht den Boden nicht mehr. Die Seelen-Beine sind nun zu kurz, um sich zu erden.

Nicht geerdete Menschen, die mit ihrer Seele – in der Luft hängen – ziehen anderen Menschen mit ihren Problemen und Ängsten allzu leicht den Boden unter den Füßen weg.

In der Bodenlosigkeit verlieren die Menschen die Herzensliebe. Der starke Strom ist ohne Erdung unerträglich.

Diese Menschen erleben sich unsicher, verwirrt, hilflos, verlieren in der Angst die Orientierung und „den Boden der Tatsachen". Gerne möchten wir ihnen sagen: „Kommt doch wieder runter!"

Verbunden mit der Erde funktioniert unser Körper ähnlich einem Blitzableiter. Körperladungen (Spannungen, Wut, Druck) wollen auf kürzestem Wege zur Erde geleitet werden.

Gehe viele Stunden im Wald spazieren.

Ich war innerlich wie tot –
jetzt lebe ich wieder!

Die wichtigste Arbeit im Leben eines Menschen ist
die Arbeit an sich selbst, die Entwicklung in seiner
Liebesfähigkeit.

Der Umgang mit sich selbst ist die Basis für den
Umgang mit allen anderen Lebewesen.

Die Angst ist es, die Menschen zu Handlungen
treibt, die anderen Schaden bringen, in erster Linie
aber ihnen selbst. In meinem Leben habe ich
erfahren, dass die Angst, die meine Seele nahezu
aufgefressen hatte, für meine Kämpfe und
Schwächen (Krankheiten) verantwortlich war.

Die Herzensliebe löste alle Ängste auf.

Angstfrei, friedvoll und glücklich sollen alle Herzen
aller Lebewesen auf dieser wunderschönen Erde
leben können.

Ehe ich von innen her die noch verbliebene dünne
Wand zum Zerbröckeln bringen sollte, versicherte
ich mich, dass das Licht der Liebe mich vor
erneuten Verletzungen schützen würde.

Ich wollte nie wieder „mauern" müssen.

Es kam anders:

Auf dem Weg nach draußen erlangte ich die
Erkenntnis, dass zu einem Leben in Offenheit auch

Leid und Schmerz gehören. Meine Sichtweise jedoch hat sich im Lauf der Zeit verändert:

In meinem neuen Bewusstsein sehe ich heute den mich verletzenden Plage-Geist mit anderen Augen. Er hat sich selbst noch nicht gefunden, ist mit sich nicht im Reinen. Ich sehe auch, dass eine Kränkung seinem negativen Geist entsprungen ist. Und ich weiß: „Das Wort verlässt die Quelle nicht." Das Wort wirkt im Nervensystem des „Absenders", und somit schadet sich der Mensch mit dem unguten Geist selbst. Auch er muss die volle Verantwortung für jedes gedachte und ausgesprochene Wort übernehmen, das er in seinem Leben gesät hat. Alles kommt zu ihm zurück.

Trifft die Kränkung jedoch als giftiger Pfeil mitten in mein Herz, reagiere ich augenblicklich. Ich habe gelernt, mich selbst zu spüren und für mich einzutreten. Ich bin es mir wert. Ich verdeutliche meinem Gegenüber, dass er meine innere reine Burg betreten und beschmutzt hat. Mit ganz klaren Worten zeige ich meine gesunden Grenzen auf und erbitte eine Entschuldigung. Kann dieser Bitte nicht entsprochen werden, lasse ich los, lege den Schmerz in Gottes Hände und begebe mich auf meinen inneren Weg des Friedens. Nur im Zustand des Friedens bleiben mein Geist, meine Seele und mein Herz gesund. Heute vermag ich mich in allen Gefahrensituationen selbst zu schützen wie die Löwenmutter ihr Kind.

Schon vor Jahren berührte mich die Geschichte vom
„Kleinen Prinzen"
(Antoine de Saint-Exupéry „Der kleine Prinz"):

„Man sieht nur mit dem Herzen gut!"

Wie wahr!
Ich danke der Wahrheit, dem Licht der Liebe, dass
sie in mir gewirkt haben und stets in mir
weiterwirken. Ich sehe das Leben heute mit
vollkommen anderen Augen, mit den Augen der
Liebe, mit meinem sonnigen Herzen.
„Ich war blind, und jetzt kann ich sehen!"
(Joh. 9, 25)
An dieser Stelle mögen Zweifler verlauten lassen,
dass ich den Bezug zur Realität verloren hätte. Ich
möchte allen Zweiflern sagen, dass die Welt gut ist
und alle Lebewesen im sanften Hauch der Liebe
geborgen und fröhlich leben könnten. Viele
Menschen in der Welt haben sich selbst und den
Boden unter den Füßen verloren, genauso wie auch
ich mich selbst und den Boden der Tatsachen, die
Wahrheit, verloren hatte. Ich brauchte Hilfe,
brauchte Verständnis und kein Urteil.

Immer wieder ruft mich das Leben zurück:

„Verändere Deinen Fokus! Stärke und baue die Menschen auf! Gib der Energie eine Richtung, damit sie weiß, wohin sie Dich und die Anderen tragen soll!

Nimm stets Kurs auf die Liebe!

Sei Du die Liebe selbst!"

Wie wohlwollend und freundschaftlich gestaltet die Herzenswahrheit unser Leben

Ein Herz voller Liebe erfreut sich am Erfolg des Freundes. Es ist glücklich, wenn es den Nachbarn im Glück erlebt. Es trauert mit den Traurigen. Es weint mit den Verzagten und es hat die Kraft, die Seelen am Ende ihres irdischen Daseins in die göttliche Herrlichkeit hineinzulegen. Und ihm ist die Gabe verliehen, den Lebenden und den Sterbenden die Todesangst zu nehmen.

Die Liebe hat viele Gesichter. Manchmal reagiert sie wie ein kleines Kind. Sie küsst die Blumen und liebt das Glitzern des Schnees in der Sonne. Sie ist zufrieden, frei und stets darauf bedacht, den Verstand zur Schaffung von Gutem einzusetzen.

Ich knie heute vor „Gott Vater", dem
unermesslichen Licht der Schöpfung, das alles
Leben in Liebe erhält, dem allmächtigen
kosmischen „Heilenden Geist", der unsere
Gedanken befeuert, beflügelt und durch uns
heilsamen Einfluss auf die Schöpfung nimmt, vor
„Gottes Sohn", seinem Kind Jesus, das uns von
Mensch zu Mensch die unendliche Heilkraft der
Liebe und die bedingungslose Vergebung bewusst
gemacht hat.

Wir brauchen Gottes Hilfe, und Gott braucht uns

Voller Demut anerkenne ich, dass wir der göttlichen Führung sowie des Schutzes durch seine Engel bedürfen. Frohen Herzens ist mir bewusst geworden, dass auch der dreieinige Gott uns Menschenkinder, seine Kinder auf der Erde braucht wie ein Vater und eine Mutter ihre Kinder brauchen.

Wir sind seine Werkzeuge

Gott hat keine anderen Hände, keine anderen Herzen, keine anderen Ohren. Wir sind seine helfenden, besänftigenden, streichelnden und heilenden Hände. Wir sind sein liebendes Herz. Wir sind das Ohr, das dem Freund im Leid die volle Aufmerksamkeit schenkt. Wir sind sein Ebenbild, seine Vertretung auf der Erde. Wir schieben keinem Gott irgendeine Verantwortung dafür zu, was auf der Erde „Ungutes" passiert. Wir wirken an der Erhaltung der Erde mit. Allerdings greift Gott in seiner Wahrhaftigkeit und Aufrichtigkeit ab und zu ein, um uns aufzuwecken, um unsere Verbiegungen wieder ins Lot zu bringen. Ohne diese Einrenkungen wären wir alle nicht mehr hier. Der dreieinige Gott, der die Liebe in einer „Person" ist, legt uns die Gaben in die Hände. Der Gottesgeist befeuert diese, wenn unsere Herzenstüren offenstehen. Und wir verbessern und bereichern damit seine Erde. Einzig und allein die Erfüllung seiner Aufträge, die ausschließlich der Intensivierung der Liebe dienen, ist sein Wille, seine Bitte an uns.

Gott = Licht = Ton-Klang-Sprache der Liebe.

Folgen wir unserer Berufung, der LEBENS-AUF-GABE, erfüllen wir die Erde und halten damit die Balance.

Schauen wir uns unsere Erde und alles Leben darauf an, nehmen wir mit Schrecken wahr, dass viel zu viele Menschen in einer laut gewordenen Welt ihre innere Stimme überhören und das weinende Auge der Schöpfung übersehen.

Gott spricht zu uns:

„Bildet eine riesengroße goldene Kette um die Erde herum (eine Aneinanderreihung leuchtender Seelen und Herzen soll es sein)! Jeder Mensch und jedes Tier ist ein Glied dieser Kette. Ihr müsst alle in diese Kette hereinholen. Lasst eine zusammenhängende Verbindung um die ganze Welt entstehen! Reicht einander die Hände und verbindet euch in der Liebe! Keiner darf einen anderen ausschließen. Haltet zusammen und löst euch von allen Trennungen und Verurteilungen! Nur als Einheit seid ihr stark!" Und Gott fügte hinzu, dass dies ungeachtet aller Religionen, aller Hautfarben und aller Sprachen geschehen soll.

Ich bin in meinem inneren Zuhause angekommen

Auf einem langen, einst dunklen und einsamen Weg, der sich schrittweise heller und liebevoller gestaltete, durfte ich erfahren, dass die Meisterschaft des Lebens aus der Akzeptanz und der Überwindung aller Herausforderungen und Prüfungen resultiert.

Durch die bitterste Not hindurch habe ich dank meiner Engel neue Wege hinein in die Erfüllung meines Lebens gefunden. Fast täglich benutzte ich erlernte Methoden, um die Hindernisse auf meinem Weg zu überwinden. Die Liebe, die ich meinem fast leer gewordenen Herzen und meiner dunklen Seele zukommen ließ, hat mein Leben gerettet und es auf feste, stabile und selbstständige Beine gestellt.

Ich glaube, und so erfahre ich es täglich, dass wir uns auf dem Weg zur Meisterschaft unseres Lebens befinden, wenn wir erkennen, dass wir das Glück weder allein im Körperlichen, noch im Bereich der Materie, sondern dauerhaft nur auf der seelisch-geistigen Ebene erlangen können. Alles andere, das Materielle, verdient höchsten Respekt. Wenn wir jedoch das Glück *dauerhaft* anstreben, ist es ratsam, *ein höheres Ideal zu verfolgen.* Ist die Entscheidung einmal gefallen, den seelisch-geistigen Weg zu beschreiten, gibt es kein Zurück. Das Lebensgefühl tiefer Glückseligkeit ist unvergleichlich und gegen nichts Materielles eintauschbar.

Wer sich die Liebe erarbeitet, dem wird es an nichts fehlen. Er empfindet innerlich und äußerlich wahren Reichtum und tiefe Freude.

Eines Tages kehren alle Menschen zur göttlichen Ordnung, zur Wahrheit des Herzens zurück

Am Anfang war der Geist Gottes, der die Liebe ist. Und am Ende ist wieder der Geist Gottes, der uns, die Geist-Seele in seine Liebe aufnimmt. Von ihr kommen wir, zu ihr gehen wir. Im Laufe unseres Lebens lernen wir, uns über aufrichtige Worte und Gedanken der Liebe in Gottes Welt hineinzuschwingen, mit Gott eins zu werden.

Die Meisterschaft, die es zu erlangen gilt, sagt uns nicht, wie wir sie finden können. Nein, sie fragt uns kess: „Wer von Euch schafft es?" Und sie sagt uns, dass es klug sei, den Schutzmantel der Liebe mit auf den Weg zu nehmen. Den Weg muss jeder selbst finden.

In der Stille nehmen wir wahr, fühlen und hören wir

Uns wird jeder einzelne Schritt kundgetan. Wenn wir aufrichtig und ehrlich leben, reinen Herzens sind, vernehmen wir den feinen und sanften Hauch der himmlischen Stimmen.

„Eure LEBENS-AUF-GABE ist es," so sagen die Engel, „euer eigenes Geld mit eurer euch

verliehenen Gabe zu verdienen und jeden Moment
zu hören, was von euch verlangt wird."

Die Wahrheit meines Herzens hat mich verändert
und hat mich mein Leben bis zum heutigen Tag
meistern lassen.

Und ich bitte Gott, mir die Gnade weiterhin zu
erweisen, im Urgrund, im Himmel, leben und
glücklich sein zu dürfen.

Im Leben eines Menschen gibt es seelisch-geistig
betrachtet nichts Höheres und nichts Heiligeres als
den Himmel auf Erden zu erreichen, ihn voller
Begeisterung bis zu seinem irdischen Ende zu
bewohnen und ihn mit noch tieferer Liebe sich
selbst und anderen gegenüber auszugestalten.

Ein Mensch, der sich unaufhaltsam durch
eintausend Mauern zum Himmel durchgearbeitet,
seine LEBENS-AUF-GABE gefunden hat, mit dieser
freudig sein Herz und das Herz der Welt erfüllt,
seinen Lebensunterhalt damit verdient, dieser
Mensch ist wahrlich der Meister seines Lebens
geworden; er hat es „geschafft".

In unserer Hand liegt es, uns dem Leben der Liebe zu öffnen.

In Gottes Hand liegt es, den Lebewesen das Geschenk der Gnade der Liebe zu verleihen.

Zum Thema Herzensheilung durch Herzensöffnung brauchte ich noch mehr Klarheit.

Viele fast tote und fast verlorene Seelen nahm ich wahr, denen ich nicht allen helfen konnte.

In der Nacht auf den 17. Januar 2012 antwortete Gott:

„Die Menschen verbringen die meiste Zeit ihres Lebens damit zu versteinern. Ihre Herzen schließen sie ein. Es ist wie Gold einzubunkern, es vor Angst mit mehr und mehr Tresorwänden zu ummauern."

Öffnet euch! Kommt heraus! Tragt eure Schätze ans Licht!

Die Engel sagen: „Mehr als 50 Prozent der Menschen auf der Erde haben Angst vor ihrer Größe. Lieber schließen sie sich ein!"

Das Gleichnis von der „Totenerweckung" des vermögenden Mannes Lazarus berührte mich schon in meinen Jugendjahren. Ich wollte es gerne verstehen können.

Jesus, der Freund von Lazarus, bat den reichen Geschäftsmann, der Liebe zu folgen und dafür seine Besitztümer aufzugeben. (Sicherlich fordert die Liebe keinen reichen Menschen auf, Hab und Gut hinter sich zu lassen. Die Liebe geht andere Wege. Sie ist bescheiden; denn in ihrer Erfüllung mangelt es ihr an nichts. Sie fühlt sich reich. Sie dient der Gabe und erhält dafür guten Lohn. Sie tauscht die

Herzensgesundheit nicht ein, nicht für alles Gut und Geld der Welt. Der innere Frieden ist ihr wichtiger.) Lazarus konnte sich nicht für Jesus und seine Liebe entscheiden. Jesus verabschiedete sich und zog seines Weges. Schon wenige Tage später ereilte ihn die Nachricht vom Tod seines Freundes. Jesus kehrte zum Hause des Lazarus zurück. Als er bei den trauernden Schwestern Maria und Martha ankam, beschimpften sie ihn: „Wärest Du dagewesen, dann wäre unser Bruder nicht gestorben!" Jesus ließ sich zur Grabkammer führen. Er legte sein ganzes Wesen in sein Tun und rief dreimal durch die dicken Mauern hindurch: „Lazarus, komme heraus!" Und der von den „Toten" Auferweckte trat heraus ins Licht.
(Joh. 11)

Ich glaube, dieses Gleichnis heute interpretieren zu können. Sicherlich soll zum Ausdruck gebracht werden, dass nur der Ruf des Geistes der Liebe die vielen totgearbeiteten, ausgebrannten, die abgestorbenen Menschen, die fast toten und fast verlorenen Seelen ins Leben zurückholt, sie lebendig macht.

Die Liebe ruft uns: „Öffnet eure Mauern von innen her! Kommt heraus ins Licht ihr fast toten und fast verlorenen Seelen! Erschöpft euch nicht! Schuftet euch nicht zu Tode! Fangt an zu leben!"

„Gib mir Dein Herz, und lege Dein Leben in meine Hände", fügte Gott hinzu.

Allabendlich stellte ich mich von Stund an und stelle ich mich noch heute hinaus in die Nacht und hebe meine Hände gen Himmel, um mein Herz, auch das Herz meiner Freunde und erkrankter, belasteter Menschen in die Hände des heilenden Gottesgeistes zu legen. Dann bete ich und spreche die Worte: „Segne alle Herzen, segne jedes Haus. Danke!"

„Gott wird damit die Erde erhalten," antworteten die Engel im März 2015.

Es ist mir ein tiefes Herzensanliegen, viele Menschen vor dem Schlafengehen an die offenen Fenster zu bewegen und Gott, die Liebe, um Herzensbefreiung zu bitten. Halten wir doch wieder zusammen und legen wir den Segen in alle unsere Herzen hinein.

Ich nehme wahr, dass meine Worte gehört werden. Und ich weiß, dass Gott alle Menschen hört, wenn sie aus dem Herzen heraus zu ihm sprechen.

Fast unglaublich ist, was binnen kurzem an Befreiung geschieht. Gott wünscht sich, dass alle Menschen „ihre Herzen in die Hände nehmen," um sie ihm zur Heilung darzureichen, in jeder Not und immer wieder.

„Wenn ihr nicht umkehrt und werdet wie die Kinder, werdet ihr nie ins Himmelreich kommen." (Jesus von Nazareth)

„Das Licht der Liebe verleihe ich euch, wenn ihr mir eure Herzen gebt, damit ich sie heilen kann."

Es ist nie zu spät.

„Der Himmel weint um die fast toten und fast verlorenen Seelen. Viele Menschen laufen am Wesentlichen vorbei," sagen die Engel und sie bitten uns herzinniglich:

„Lasst uns alle gemeinsam in die „Sonne" hineinschauen und in neuem Licht die Werte verändern!"

Der Himmel ist auf Erden, inwendig in uns. Unsere LEBENS-AUF-GABE ist es, uns den Himmel seelisch-geistig zu erarbeiten, um die Erde mit unserer Gabe in Liebe bereichern zu können. Der Weg lohnt sich; der Lohn ist beachtlich. Hier beginnt das Leben der Leichtigkeit. Im Himmel auf Erden zu leben bedeutet, aus der rechten Hand die Herausforderung anzunehmen und zeitnah aus der linken Hand Bewusstwerdung zu erfahren.

„Herzensguten Menschen geht es gut," sagt der Himmel. Im Himmel auf Erden Lebende haften an nichts an. Sie vertrauen dem Lebensfluss, der besagt, dass Altes, Gelebtes gehen darf, da Neues kommen will.

Ruhe Dich nicht auf den Lorbeeren aus

„Sei ein Präsent!"
„Sei erfüllt und schenke Dich der Erde wieder."
Das ist der Plan.
Mein Glück schenke ich den Menschen und erfülle
die Herzen, die mir begegnen und der Erfüllung
bedürfen. Jeder Mensch soll nach Gottes Plan ein
Geschenk für seinen Nächsten sein und an dessen
Erfüllung mitwirken anhand liebevoller Worte,
Gedanken und Taten, solange, bis der Schwächere
aus eigener Kraft heraus selbst-sicher zu stehen
vermag.

Viele Menschen machen sich gerade auf ihren
ureigenen Herzensweg. Und das ist großartig für die
Welt. Der Aufbruch in das neue Leben hinein heilt
die Geist-Seelen der Menschen und damit deren
Leben. Eine gesunde Geist-Seele zieht Kreise und
kann, wenn sich mehr und mehr dazugesellen, die
ganze Erde heilen und die Tränen des Himmels
trocknen. Der Hass in den Herzen der Menschen hat
in mancher Hinsicht die Erde vergiftet. Die Liebe
der offenen Herzen kann die Erde wieder heilen.

Die Gabe und die Gnade

Die Welt könnte eine Welt voller begnadeter
Menschen sein, wenn diese anstatt neidvoll auf
andere zu schauen ihre eigenen Gaben entwickeln
würden. Gabe wird uns gegeben durch die vom
Gottesgeist befeuerten Gedanken, die mithilfe der
Herzensliebe ihre Umsetzung finden. (Gute Erdung
ist wichtig!) In die Gabe hinein können wir uns
öffnen. Gabe ist nicht ausdenkbar. Das Grübeln
verhindert sie. Manch einer erkennt sie nicht; denn
sie wirkt so selbstverständlich, da sie fließt und
keiner krampfhaften Anstrengung bedarf. In der
Gabe sind wir einzigartig. Eine Welt voller
begabter, begnadeter Menschen wäre:

Eine Welt nach Gottes Plan.

„Im Moment stellt Gott die Erde auf den Kopf.
Alles wird neu gemacht mit Menschen, die zur
Liebe zurückfinden sollen, um in neuer Harmonie
eine neue Erde aufzubauen," spricht der Himmel.

Jeder Mensch hat die gleiche Chance, sich aus eigener Kraft seiner Gabe zu öffnen

Atme! Atme! Atme!

Trainiere Dich hinein in ein Atemvolumen von mindestens fünf bis sechs Litern.

Suche einen Atemtherapeuten auf, wenn Dir dies aus der eigenen Kraft heraus nicht gelingen mag. Yogalehrer unterweisen ebenfalls in der Atemarbeit. Bewege Dich an der frischen Luft und ziehe sie in Dich hinein, indem Du jeweils einen Nasenflügel zuhältst und durch den anderen Nasenflügel die Luft laut einatmest. Atme durch den offenen Mund wieder aus. Der Kopf wird frei, das Denkvermögen geschärft, der Geist befeuert.

Höre Musik, spiele Musik!

Bewege Dich! Tanze! Singe! Lache! Weine! Schreie! Schweige. Sprich Deine Gefühle, die Wahrheit Deines Herzens aus!

Verbinde Dich mit der Kraft, die das Gute in Dir schafft!

Mache Dich auf den Weg, indem Du Deine Innenräume vergrößerst und damit Deiner Seele in einer geräumigen Burg eine wohltuende Daseinsform und Daseinsmöglichkeit zur Entfaltung errichtest, in der sie lebendig verweilen kann!

Lege den Schutzmantel der Liebe um Dich, die Selbstliebe, die Du erlernt hast! Im Falle eines Angriffes wirst Du ihn brauchen. Stelle Dich darauf ein, dass Neider Deines Glückes Deine Burg attackieren werden! Sei wachsam und erwachsen! Sei gewappnet und achte gut auf Dich! Bleibe in Deiner inneren Burg, in Deiner Mitte! Bleibe bei Dir im Licht der Liebe! Öffne alle Fenster und Türen! Sei offen! Kein „Mauern" mehr! Du bist heute nicht mehr das hilflose kleine Kind, in dem das Licht, die hellerleuchtete Seele und der reine Geist zerstört werden können. Du ruhst in Dir. Du bist seelisch gut verankert und hast erfahren, wer Du bist und dass Du unter dem Schutz der Engel stehst, wenn Du glaubst. Du lässt Dich nicht mehr verunsichern. Du hast gelernt, alle Herausforderungen anzunehmen, an ihnen zu wachsen und bist auf Deinem Weg in die Selbstliebe hinein klug und weise geworden. Du hast die Erkenntnis erlangt, dass sich der Angreifer außerhalb seines Lebensplanes aufhält. Voller Wut und Trauer über sich selbst und sein unerfülltes Leben macht er Gott und der Welt Vorwürfe. Anstatt in Verantwortung sein eigenes Leben anzupacken, attackiert er andere Menschen. Nimm wahr, dass der Angreifer unstimmig handelt. Er befindet sich noch unbewusst auf den unebenen Pfaden, auf denen Du Dich einst bewegt hast.

Streite nicht, kämpfe nicht, verurteile nicht!
Verstehe, dass es die Angst und nicht die Liebe
ist, die Dich angreift!

Sei wachsam! Sei die Hüterin, der Hüter Deines
Herzens, Deines Geistes und Deiner Seele in
Gefahrenmomenten! Werde in der
„Kampfansage" weder bitter noch böse. Dein
Herz würde Schaden erleiden. Es müsste sich
erneut verbarrikadieren.

Intensiviere Dein inneres Licht!

Den Lichtschalter hast Du zu bedienen gelernt:

Den hellen Geist des „ich liebe, achte und
anerkenne mich von ganzem Herzen," den Du

10 mal - 100 mal - 1000 mal

in Dich hineinsprichst, verstärkt das Licht in Dir,
vervielfacht Deine Kraft und in dieser Kraft kannst
Du loslassen und friedlich Deines Weges ziehen.
Denke niemals überheblich! In der Überheblichkeit
hebst Du ab von der Erde. Du wirst herunterfallen.
Hochmut kommt vor dem Fall.

Traue Du dem Angreifer zu, dass auch er seinen
Weg in das Glück finden wird!

Richte den Fokus auf das Gute in ihm, nimm „sein
Herz in Deine Hände", lege es zur heilenden
Segnung in Gottes Hand und hilf ihm, das Gute in
sich selbst zu sehen, wenn Du das vermagst. Damit
baust Du Dir und Deinem Herzen den Himmel und
trägst dazu bei, die Erde für Dich selbst, Deine
Lieben und Deine Kinder zu erhalten.

„Nimm ihn wahr, und er wird klar!"

Du darfst Deine Urfamilie überholen

Des Öfteren kommt es vor, dass sich in Familien mehrere Mitglieder erlahmend mit den Problemen und den Katastrophen in der Welt beschäftigen und am Unheil hängen bleiben, ihm damit ihre Kraft zuführen, andere Familienmitglieder jedoch sich auf ihren Weg machen und glückselig und begeistert ihre Gaben und Talente leben. Sie schöpfen aus ihrer Mitte heraus. Habe Du den Mut, stagnierende Pessimisten, die Dir von einer schlechten Welt erzählen, zu überholen. Erlaube Dir, ihnen zu sagen, dass sie vor ihrer eigenen Haustüre kehren sollen. Mache sie, wenn sie Dir zuhören wollen, aufmerksam auf ihren zerstörerischen Geist, der sie krank macht und Untergangsstimmung heraufbeschwört.

Packe Du an, was in Deinem Leben anzupacken ist. Gib ab, was abzugeben ist. Halte weder an Nutzlosem, noch an der Vergangenheit fest. Vergangenheit hat keine Energie und keine Bewegung. Sie ist luftlos und damit starr. Schaue nach vorne und sei frei. Nur in der Freiheit, die Du Dir selbst und anderen schenkst, kannst Du geistreich und schöpferisch originell tätig sein.

Du bist der wichtigste Mensch in Deinem Leben. Höre nur auf damit, irgendetwas zu erwarten, zu hoffen. Werde tätig, sei ganz Du selbst und

übernimm Vorbildfunktion. Stecke die Menschen
an mit Deiner Begeisterungsfähigkeit und dem
Glauben an das Gute. Sei Du eine Zeit lang ihr Halt
und ihre Freude.

In den „Augen der Liebe" ist jedes Lebewesen
etwas ganz Besonderes und Großartiges. Sei mutig
und öffne Dich dem ganz Besonderen und
Großartigen.

Sei ein goldenes Glied in der goldenen Kette!

Wenn DU fehlst, ist die Kette unvollständig.

Bleibe

mit Mutter Erde,

dem Licht der Herzensliebe,

dem Strom des gesunden Geistes,

dem steten Zufluss dieser magischen Kräfte

in Verbindung!

Dadurch lebst Du in Liebe verbunden mit allen
anderen Lebewesen.

Wenn Du Dein Leben liebst, bekommst Du von der
Liebe die Kraft zum Leben.

„Ich liebe mein Leben, und mein Leben liebt mich!"

Im Schutz der Liebe wirst Du Dein Leben meistern!

**Der Frieden lebt in Dir auf, wenn Du das tust,
was Dein inneres Gesetz von Dir verlangt.**

Denke, doch denke nicht zu viel.
Es kommt doch so, wie Gott es in seiner Liebe für
Dich haben will.

GOTT SEI DANK!

SDG

Zu meiner LEBENS-AUF-GABE:

Als Gott sprach: „Ich brauche Dich als helfende Seele für meine fast toten und fast verlorenen Seelen. Du musst ihnen eine Daseinsform und eine Daseinsmöglichkeit errichten und ihnen helfen, auf der Erde lebendig zu werden. Hilf den Menschen, ihren Weg zu finden. Erfülle ihre Herzen mit Liebe …", ahnte ich noch nichts von meiner LEBENS-AUF-GABE.

Ich habe die Botschaft damals notiert; verstanden habe ich sie nicht.

Dies sollte sich bald ändern. Die Engel führten mich hin zu einem Selbst-Hilfe-Programm. Zuallererst ging es darum, mich von den eigenen Kämpfen und Zwängen zu befreien. Ich wusste noch nicht, dass ich den Weg – von der Dunkelheit ins Licht – den Seelen vorausgehen musste, um mich für meine LEBENS-AUF-GABE zu qualifizieren und stark zu werden.

Die Kräfte des Himmels und der Erde haben mich durch die Höllentäler des Lebens hindurch getragen, um mich baldmöglichst in ihre Dienste stellen zu können.

Gottes Pläne sind unergründlich!

In tiefen Tälern und wilden Kurven verließ mich beinahe mein Glaube an einen Plan Gottes.

Heute weiß ich, dass ich geschult und geprüft werden musste, um die Menschen ermutigen zu können, auf den schwierigsten Pfaden ihres Lebens weiterzugehen und das Ziel im Auge zu behalten.

„Der Himmel sieht und hört gerade Dich, wenn Du im Sinne des Guten unterwegs bist."

Über mich

Im Alter von 13 Jahren habe ich zum ersten Mal meinen Körper bewusst wahrgenommen.

Unfassbar, was ich feststellte.

Ich trat vor den Spiegel und traute meinen Augen kaum.

Ich sah eine schlanke, sehr großgewachsene, ansprechende junge Dame mit wunderschönen langen Beinen. Ihr filigraner Körper, ihre langen Haare bis fast zur Taille gewachsen, ihr hübsches Gesicht mit der feinen Haut machten sie zur attraktiven Erscheinung.

Ich empfand für einen Moment tiefes Glück.

Gerade wollte ich mich von den satanischen Erfahrungen meiner Kindheit erholen, da legte sich ein dichtes, mich einengendes Netz über mich, das mir die Luft zum Atmen raubte. Warum durfte ich mich nicht aufrichten? Warum sollte ich am fröhlichen und heiteren Leben nicht teilnehmen dürfen?

„Geh weg, wir ertragen Dich nicht," und Vieles mehr, was einen Menschen seelisch-geistig in die Knie zwingt und ihn bricht, vermochte ich damals nicht als Unmaß des Neides zu deuten. Heute würde man es Mobbing, Psychoterror, Tyrannei nennen. Ich nahm an, unerträglich und unzumutbar zu sein. Ich lief vor mir selber weg, vor meinem brennenden

Schmerz. Schon bald sah ich mich mit den Augen der Anderen.

Ich fing an, mich selbst zu zerstören, indem ich mein Essverhalten ins Krankhafte abgleiten ließ. Ich stopfte mich voll mit Schokolade, minderwertigen Süßigkeiten aller Art und nahm binnen weniger Monate 20 kg zu. Hass, Selbstablehnung und Selbstverachtung begleiteten mich Tag und Nacht. Ich war gefangen in einem „fremden Geist". Ich war nicht mehr ich selbst, und ich konnte dieses Gefangensein noch nicht als Krankheit deuten.

Im Laufe von mehr als 20 Jahren glitt ich aus fresssüchtigen Verhaltensmustern in depressive Phasen gänzlich ohne Essen ab. Kontrollmechanismen, Selbstmordgedanken und andere Krankheiten des Geistes, die den Körper befielen, beherrschten mein junges Leben. Das Stadium der seelisch-geistigen Leere war erreicht. Das Siechtum in der Magersucht, die Sucht, die Erfüllung sucht, hatte von mir Besitz ergriffen.

Nach 23 Jahren Hölle fiel mir ein Buch über die Selbstliebe in die Hände: Louise Hay: „Gesundheit für Körper und Seele".

Louise Hay schrieb über die Selbstliebe, und ich erarbeitete mir einen Weg dorthin.

Allabendlich stellte ich mich mit einer Kerze neben mir vor meinen Badezimmerspiegel. Ich schaute mir dabei in die Augen und sprach in mich hinein:

„Ich liebe, achte und anerkenne Dich von ganzem Herzen und ich schwöre Dir, dass Du eines Tages gesund-schlank und wieder Waltraud sein wirst. Und dies wirst Du sein, noch viel besser und stärker als je zuvor!" Dabei erhob ich die Hände, kreuzte sie über meinem Herzen und befahl meinem Inneren: „Hast Du mich verstanden?! So machen wir das!" Ich legte meine ganze Kraft in meine Worte und hörte erst auf zu mir zu sprechen, als die Tränen über mein Gesicht liefen.

Ich sah meine Augen als Mauer und spürte, dass hinter den harten Schichten, die durchdrungen werden mussten, etwas sehr Wertvolles, Feines, Wunderschönes und Liebendes lebte. Ich empfand eine tiefe Sehnsucht nach mir selbst.

Mein ganzer Ehrgeiz konzentrierte sich darauf, dieses sensible und verschüchterte Wesen zu befreien.

Nach wochenlanger Arbeit vor dem Spiegel brachen Stück für Stück die Mauern in mir zusammen, und ich fing an, etwas unterhalb meines Halses, im Brustraum, zu empfinden.

Meine Seele gewann an Leben zurück. Das gesunde Bewusstsein bekam Licht und wehrte sich in mir. Ich spürte all die Wut und dahinter die Trauer, die ich vor Jahren unterdrückt und in mich hineingeschluckt hatte.

In meinem Kopf brauchte ich neue Regeln. „Dieses ewig und gleichbleibend ermüdende innere Geschwätz, das Mich-Selbst-Nieder-Machen hört auf,“ befahl ich mir. Ich tauschte den alten Geist gegen einen neuen aus. Das brauchte seine Zeit. Im Tierkreiszeichen der Stiere Geborene können konsequent hartnäckig und geradlinig etwas verfolgen und verwirklichen, wenn sie die Entscheidung einmal getroffen haben. Schritt für Schritt, mit unermüdlichem Einsatz schaufelte ich mir den Weg frei. Von nun an erfüllten neue und konstruktive Gedanken mein Herz und meine Seele mit Leben, dem Leben der Liebe.

Noch heute arbeite ich im „Notfall“ am Spiegel und lege meine Hände auf mein Herz und auch auf meinen Bauch. Ich lasse Liebe aus meinem Geist hineinfließen und höre erst auf, wenn meine Tränen die Kanäle gereinigt haben.

Jedes Beweinen verabschiedet Vergangenes, öffnet verschlossene Kanäle und schafft Passagen zu tiefer liegenden Schichten.

Und damit erreiche ich Herzenstiefen ungeahnten Grades. Dort hole ich meine Kraft zum Leben ab.

Heute ist mein Leben erfüllt und wunderschön. Ich bin voller Freude und Dankbarkeit, dass ich den Weg zu mir selbst gegangen bin und mich wiedergefunden habe.

Persönliche Entwicklung findet bis zum allerletzten Atemzug statt. Stelle ich mich all den Herausforderungen, so wird jeder Schritt leichter und freier. Verweigere ich mich den Entwicklungsprozessen, falle ich zurück und beginne schmerzlich von vorne mit denselben Erfahrungen, bis ich die Lektion verstanden habe.

Lange Jahre hatte mich ein kranker Geist mit all seinen Tücken im Griff. Ich war fremdbestimmt.

Ich habe mein Leben selbst in die Hand genommen. Ich entscheide heute über mein Denken und mein Handeln. Wenn ich für einen kurzen Moment glaube, das Leben festhalten, es im Griff haben zu wollen, es kontrollieren zu müssen, nagle ich es fest und es entgleitet mir in genau diesem Moment. Ich kann das Leben genießen und es fließen lassen. Voller Demut und Ergebenheit anerkenne ich das Wirken einer übergeordneten Liebe, die mein gesundes Leben heute begleitet, mein Herz und meine Seele und somit mein Leben erfüllt und mich mitten hinein in das Glück navigiert, jeden Tag aufs Neue!

Ich bin ein glücklicher Mensch geworden mit dem Bewusstsein:

Ich kann es nicht allen Menschen recht machen. Ich kann „nur" meinem eigenen Herzen treu sein und ich nehme nicht mehr alles krampfhaft und unüberlegt persönlich.

Dankbarkeit erfüllt mein ganzes Leben.

Raum für persönliche Notizen
Deiner Meisterschaft,
Deinem Weg zu einem glücklichen und erfüllten Leben